Kleine Schmunzeleien

Allerlei Gedichte

Herstellung und Verlag:
BoD – Books on Demand, Norderstedt
ISBN 978-3-7322-6196-3

Für alle mit lachendem Herzen

und jene, die Eines haben wollen!

Inhalt

Falsch verstandene Freundlichkeit 1
Die Taucheraffäre 3
Schaukelpferd 5
Tischgebet 5
Vierzeiler 6
Angemessene Haltung 7
Antrag auf Änderung 12
Wasser 12
Der Sturm 13
Hochmut 15
Böser Frühling! 16
Genervter Fußgänger 16
Begegnung 17
Die Vorsokratiker 20
Sokrates in Gedanken 23
Philosophenstammtisch 25
Zum Geburtstag 29
Der Buchstabe „T" 30
Ein kleiner Gruß 31
Mein Herz 32
Die Weihnachtsgeschichte 33
Nachtgebet 40

Eidesstattliche Erklärung

Hiermit wird von mir erklärt,
dass der Ausführungen Wert,
die gleich folgen, ganz bestimmt,
Werke *meiner* Hände sind.
Selbständig, in einem fort,
wurde jedes einzeln' Wort
ausgeschrieben – nicht kopiert!
Ansonsten wär es angeführt.
Keiner andren Ausarbeitung
gleicht der meinen Dichterschreibung,
nicht mal auszugsweise man
darin etwas vergleichen kann!

Ich steh zum Worte, unbeirrt:
Falls doch jemand hier fündig wird
und Anstoß hätt zu größ'ren Klagen,
falls gar wiederholt er fragen
müsste, ob ich abgeschrieben,
darf er – bitte – nach Belieben
zu rot und grüner Tinte greifen,
um alles Störende zu streichen.

Wer aber mir will gnädig sein,
den lade ich jetzt herzlich ein,
und wünsch' auch Jenen, die mich rügen,
beim Lesen, Schmunzeln – viel Vergnügen!

Kleine Schmunzeleien

Falsch verstandene Freundlichkeit

Sie kommt! Mein Aug wird tränennass,
ich vor Erregung noch ganz blass,
wie sie, die Hüfte grün beschürzt,
in Richtung meines Tisches stürzt –
getrieben wohl von jener Eile,
zu der ich sie bisweilen treibe,
indem mein Wunsch ich nannt' – hernach,
ihn zu erfüllen sie versprach.

Lässig trägt, trotz schneller Schritte,
sie ein Tablett in dessen Mitte,
mir gläsern die Erlösung funkelt
und in mir der Gedanke dunkelt,
das hinter diesem stillen Lächeln,
möglicherweise sie am rechnen
ist, was sie durch Weizen tragen,
könnt an Trinkgeldern erwarten.

Schon scheint's mir mit der Freundlichkeit,
der Kellnerin nicht mehr so weit,
zu sein, denn eifriges Bedienen,
müsst sich im Trinkgeld wiederspiegeln.

Und das wär ja dann nicht so nett.

Doch kenne ich als guter Schwabe,
freilich auch in dieser Lage,
die Lösung, um nicht aus Versehen,
die Freundlichkeit falsch zu verstehen.

Weshalb, während das Bier genossen,
das Zweite gleich wird mit beschlossen!
Ein Vorgang, der, wie sich bald zeigt,
zur steten Wiederholung neigt.
Bis irgendwann das Misstrau'n schwindet,
und mich dann der Gedanke findet,
dass heut ich ausnahmsweis nicht geizen,
werd, zum Dank fürs Hefeweizen.

Schlussfolgerung:
Manch' Schwab vergisst die Sorg um's Geld,
wenn er zum Bier – ein Bier bestellt.

Die Taucheraffäre

»Wer wagt es«, ruft es, »wer ist gewandt?
frisch ihr Gesellen, seid schnell zur Hand«
Der Herold ruft und verkündet hell,
man suche mutige Männer zur Stell'
in die Tiefe des Meeres den Tauchgang zu wagen,
dort wohin der Herzog zu Grabe getragen.

Oh armer Herzog, er wollte doch nur,
seine Tochter mit einer Männernatur
verloben und sichern die königlich Lehen,
um danach beruhigt in Rente zu gehen.
Drum hatte der Herzog in finsterer Nacht,
sich einen noch finstreren Plan ausgedacht.

Er wollte den Kelch seiner Tochter nehmen,
und den Kelch und die Tochter nur dem allein geben,
der ihn könnt der Hände des Meeres entreißen,
und damit den Mut seinem Herzog beweisen.
Vorbei an der Stadt zog der Herzog zum Meer,
und die tapferen Männer gleich hinter ihm her.

Doch als er ihn warf, da sah er genau,
es war nicht der Tochter Kelch, nein, seiner Frau,
gehörte der Becher und vor lauter Schreck,
nahm er bei dem Wurf seine Hand nicht mehr weg.
Auf das von der hohen und steinernen Wehr,
der Herzog sich selbst warf ins tosende Meer.

Nun musste der Herold zum zweiten Mal rufen,
wer mutig genug sei, den Gang zu versuchen,
in der gräulichen Tiefe des Meers zu verschwinden,
und neben dem Kelch auch den Herzog zu finden.

Schlussfolgerung:
Um jemand zum Heiraten auszuwählen,
braucht keiner mit Kelchen die Meere zu quälen.
Auf Amor nur wartet, den Gott mit der Locke,
denn wer Taucher ausschickt, fällt meist auf die Glocke.

Schaukelpferd

Es heißt, dass Glücke dieser Erden,
läge rücklings auf den Pferden,
doch glaub ich, es wär abgeglitten,
wenn nicht aus Holz das Pferd geschnitten.
Denn sehen konnte ich noch nie,
Glück reiten auf 'nem Pferdevieh.
Ich halte das für Fantasie!
Denn wer dir rücklings Glück vorgaukelt,
den hat doch nur das Pferd verschaukelt.

Tischgebet

Oh großer Gott, nun sei so nett
Und gib dem Schlafenden ein Bett.
Dem Schäfer lasse seine Schaf,
des Lehrers Kinder seien brav.
Gib scharfes Aug und Geisteskraft,
dem Wächter in der dunklen Nacht.
Dem Jäger in dem grünen Wald,
halt zu die Ohren, wenn es knallt.
Gib jedem, was er grade braucht,
damit das Leben ihn nicht schlaucht,
Und wenn, in deiner großen Gnad,
auch ich mir was zu wünschen hab,
so gebe mir, nebst Brot und Wurst,
ein Hefeweißbier für den Durst.

Vierzeiler

In knapp vier Zeilen was zu sagen,
ist, was heute keiner wagt.
Man hofft, es würde keiner wagen,
was, wenn grad der die Wahrheit sagt?

Man sucht das ganze Leben lang,
die rechte Frau, voll Zweifel.
Ist sie gefunden irgendwann,
wünscht man sie doch zum Teufel.

Bös' gescheitert' Existenzen,
finden Bosse selten schick!
Für verbrecherische Menschen,
bleibt dann nur eins: die Politik!

Es scheint mir oft nicht allzu klug,
die Wahrheit laut zu sagen,
denn Falschheit, Täuschung, Lug und Trug,
viel weiter scheint's zu tragen.

Wer glaubt, er könnt nach einer Zeile,
gleich schon wissen, was ich meine,
hat niemals – das sei versprochen,
des Bratens Lunte je gerochen!

Angemessene Haltung

Hat ein Mann in stiller Suche
am Regal nach gutem Buche,
eines dann herausgezogen,
kurz den Rücktext überflogen,
wird davon er so erheitert,
schmunzelnd sich der Mund verbreitert.
Stehend wird kein Buch genossen!
Da wird kurzerhand beschlossen,
dass, zur Klärung dieser Frage,
gewechselt werden muss die Lage!
Was nach kurzer Überlegung,
erst mal mündet in Bewegung,
bis der Manne unumwunden
angemess'nen Platz gefunden.
Dort übt er dann, in Wohlbehagen,
auf eine Stelle nah dem Magen,
wo sich befind' des Darmes Ende,
auf jene wohlbefleischte Lende
von oben her gemäßigt Drücke,
auf Holz oder auch Lederstücke,
die meistens in der Luft gehalten,
von 3, 4 stelzenhaft Gestalten,
die hinten in die Höhe streben
und eine Art Geländer geben,
an das der Mann sich hat gekippt,
die Beine hüftwärts abgeknickt,
aufrechten Kreuzes er verharrt,

den Kopfe nachdenklich erstarrt
und über Dante ihn gesenkt,
der Mann ihn hat, das Aug gelenkt,
von der Komödie göttlich' Witz –
ja dieser kluge Mann
der SITZT!

Schlussfolgerung:
Dass ein Moment dir nicht genehm,
dass kann dir allzumal gescheh'n
wenn sich auf böse Worte hin,
gleich deines Magens Wände dreh'n.

Sollte dir das mal so geh'n.
versuch's mit ander'm Blick zu seh'n,
mach's erst im Herzen dir bequem,
und bleib auch sitzend
drüber stehen.

**Bitter
Böses**

Antrag auf Änderung

Betrachtet man eine Reform
des Bundestags scheint es die Norm,
dass, von ihrer Vorbereitung,
hin zu ihrer Ausarbeitung,
man ohne rot zu werden glatt,
von A bis Z geschlafen hat.
In diesem Sinne würd' ich sagen,
man müsst nach neuem Namen fragen,
und umbenennen, wie ich dacht',
den Bundestag in Bundesnacht!

Wasser

Wasser braucht ein jeder Mann,
den Denkern wird es Bange,
da niemand trocken denken kann
nicht wüsst', wie er anfange.
Denn ohne kühles Nass,
wächst selbst des Günters Grass,
nicht besonders lange.

Der Sturm

Es liegt der Sonne warmer Schein,
auf trock'nem, grünen Land.
In voller Rebe steht der Wein,
der träge Wind bringt Sand.

Indes, der Westen ballt zur Nacht,
türmt Berge schwarz zusammen.
Das Licht, der Sonne ganze Kraft,
kann nicht hindurch gelangen.

Ein lautlos' Kampf, geführt mit Macht,
von Finsternis und Licht.
Doch da! Der Tag verliert die Schlacht,
als stark der Wind losbricht.

Dann braust es groß und stark heran,
greift nach der Sonn mit Gier,
die Welt sich duckt, soweit sie kann,
es flüchtet Mensch und Tier.

Die Dunkelheit das Land bedeckt,
der Wald wird taub und stumm.
All das, was lebt hat sich versteckt,
der Geist der Furcht geht um.

Ein krachend lauter Donnerschlag,
bricht Bahn der Wolken Last,
der Himmel tobt, wie er nur mag,
schwarz heult der Wind in Hast.

Der Sturm mit Wucht den Wald gepackt,
der Regen peitscht den Wind,
der Donner alles zittern macht,
Furcht greift nach Frau und Kind.

Dann Sturmgeheul und Donnerkrach,
das Haus ist sturmumtost,
der Wind fährt knarrend durch das Dach
und lässt es nicht mehr los.

Ein letztes Mal der Sturm sich hebt,
es ächzt Haus, Schober, Stall,
ein letzter Schlag, der Wind sich legt,
des Sturmes Heer im Fall.

In stundenlanger Ewigkeit,
erstarrt lag da die Welt -
nun öffnen sich die Wolken weit,
kein Regen nun mehr fällt.

Es flammt der Sonne heit'rer Strahl,
ihr Licht am Himmel lacht,
bis irgendwann ein weit'res Mal
die Macht des Sturms erwacht!

Hochmut

Wenn ich vor meinem Fenster sitz,
seh ich durch's Glas die Kirchturmspitz,
und über ihr, da braust's heran,
ein Himmelsschiff – ein Wolkenkahn.

Über die Kirch hinweg es eilt,
worauf das Kirchenschiff sich neigt
und ruft: »Kolleg, wohin so eilig?«
Das Wolkenschiff erspart sich freilich,
die Antwort – da es niemals spricht,
mit dem was unter ihm errricht'
und Menschenhand erschaffen hat.

Das Kirchenschiff schüttelt nur matt,
den Kopf und meint:
»Wart es nur ab, mein eil'ger Freund,
der Regen kommt, ist nicht mehr weit
und wer nur stumm durch Wolken eilt,
fällt dann mal tief – es kommt die Zeit«

Böser Frühling!

Frühling bläut sein grelles Band
mir mit aller Macht ins Auge.
Braune, wohlbekannte Lauge
fühl ich würgend an der Hand.
Magensäfte schäumen schon,
wollen balde kommen.
Horch – von fern, ein leises Martinshorn,
Frühling, scheiß auf dich!
Den Kater seh' ich kommen!

Genervter Fußgänger

Wer vom Turm wacht, Tag und Nacht,
wie's des Wachtturms Wächter macht,
in Zonen, wo die Füße gehen –
der ist wie Pilz mir an den Zehen!

Weil wenn wohl wartend Wächterlein,
las (und glaubt!) was er da fein
säuberlich den Menschen preist,
denkt er nicht weiter, als er schei...!

Begegnung

Gäbs für Schönheit noch kein Wort,
man müsst nach dir sie nennen.
Dein Blick mich trägt zum Himmel fort,
und in den weißen Wolken, dort,
kann nichts mich von dir trennen.

Zwar hüpft das Herz mir in der Brust,
doch starr sind meine Glieder,
ich weiß, dass ich was sagen muss,
doch noch bevor ich den Entschluss,
gefasst,
ist der Moment vorüber.

Gewandert ist dein Blick von mir,
bemerkt hast du mich kaum,
und alles was ich hab von dir,
der Schein, der uns vereinte hier,
verblasst mir, wie im Traum.

Philosophisches

Anmerkung: Die drei folgenden Gedichte sind während meiner Griechischvorlesungen entstanden (danach natürlich) und spiegeln mehr oder minder mein gesamtes Wissen über diese Zeit wieder (leider). Zum besseren Verständnis sei hier kurz erklärt, dass einige der Philosophen vor Sokrates vor allem die Frage nach dem Ursprung allen Seins beschäftigt hatte. Sokrates selbst hat nie irgendetwas aufgeschrieben, so dass alles, was man von ihm liest meistens auf Platons Konto geht – ob Sokrates das nun so gesagt oder gedacht hat, lässt sich also nicht mit Sicherheit feststellen. Durch Quellen des Xenophon geht man aber immerhin davon aus, dass er tatsächlich mit der berühmten Xanthippe verheiratet war, deren Charakterzüge auch in der heutigen Zeit nichts von ihrem wenig charmanten Reiz verloren haben.

Die Vorsokratiker

Es fragt vor langen Jahren sich
ein Manne, beim studieren:
wann war der Anfang eigentlich,
und wo ist er geblieben?
Der Anfang, von dem aus
gemacht wurd' Mann und Maus.

Der Thales, wie man ihn genannt,
hat sich dann durchgerungen,
»Dem Wasser, das liegt auf der Hand
sind sicher wir entsprungen.
Denn sonst wär leicht zu sehen,
gäb' es auch kein Athen«

Der Anaximander jedoch,
hielt es mehr allgemein,
»Ein unbegrenztes, großes Loch,
das muss der Anfang sein!
Niemals wär anzufassen,
was uns hat Leben lassen«

Für Anaximenes war klar,
dies war nichts von Bestand,
»Am Anfang war die Luft nur da,
aus ihr die Erde stammt!
Wohin den Blick man richtet,
nur Luft – wenn auch verdichtet!«

So blieben sie noch lang im Zoff,
und schienen unversöhnbar,
der Grund, der wahre Ursprungsstoff,
schien jedem anders denkbar.
Bald war – es musst' passier'n -
der Streit am Eskalier'n.

»Du hast doch keine Ahnung, Mann«,
der Thales schrie und fauchte,
»Nur Wasser gab's von Anfang an!
Kein Mensch, der Luft gebrauchte!
Und auch viel wen'ger noch,
ein riesengroßes Loch!«

»Ich glaub du bist schon arg vergreist«,
rügt Anaximander,
»Als ob der Ursprung Wasser heißt,
das glaubt doch keiner mehr!
Jedoch – das muss ich lassen,
das Loch ist nicht zu fassen!«

»Für mich seid ihr nicht mehr ganz dicht«,
brüllt Anaximenes,
»Ihr seht's im völlig falschen Licht,
mit Wasser, Luft – indes,
an das, was uns gab Leben,
kann keiner Hand anlegen«

Da trat ein Diener rasch herein,
und sprach zu allen dreien:
»Die Frau'n ließt ihr zu lang allein,
jetzt müsst ihr wohl verzeihen!
Sie zieh'n bald von euch aus,
kommt ihr nicht gleich nach Haus!«

Und so vergaß man flugs den Streit,
sie liefen alle los,
daheim der Nächste sie ereilt,
Oh Zeus! – da war was los!
Im Weibes Zorngerichte
schien Schöpfung
schon Geschichte!

Schlussfolgerung:
Erst kürzlich wurde den Forschern klar,
das eigentlich das der Urknall war!

Sokrates in Gedanken

Es ging, das Licht des Tags war jung,
Sokrates durch die Dämmerung,
als was von Platons Federkiel
Geschrieb'nes in sein Köpfchen fiel,
und – ihn Herakles Keulenhieb
zu treffen schien – er stehen blieb!

Doch zäh flossen des Hirnes Säfte,
Sokrates Geist fehlten die Kräfte,
das zu behalten, wie es hieß,
was Platon ihm durchs Hirn gehen ließ,
so dass, der Leser ahnt es,
noch lang so stand Sokrates.

Die Menschen wunderten sich sehr
und suchten einen Manne, der,
sollte ihn anzusprechen wagen,
ihm einen Stuhle anzutragen.
Ein Schüler von Sokrates,
jedoch kam und verbat es.

So kam es, dass Sokrates,
die ganze Zeit des Tages,
so blieb; und auch die Nacht,
er stehend hat verbracht.
Im schönsten Sterngeflimmer
stand Sokrates noch immer.

Erst als der Sonne Schein,
ihn traf, fiel ihm was ein.
Und ohne Kommentar
ging er dann einfach heim.

Schlussfolgerung:
Soll schnell im Geist was vor sich gehen,
so schlaf im Liegen, nicht im Stehen.

Philosophenstammtisch

Wer sich mal gern am Weine labt,
und dabei dann im Rausche sagt,
er heirate Xanthippe,
riskiert ne dicke Lippe.

Doch Sokrates war ganz ein Mann,
den nichts so schnell erschüttern kann,
als fünfzig Jahre alt er war,
stand er mit ihr vorm Traualtar.

Wochen später im Lokal,
kam dann das Thema noch einmal,
und jeder muss es wagen,
den Sokrates zu fragen:

»Oh Freund, kannst du uns sagen,
wie ist sie zu ertragen?
Die holde Ehefrau,
erzähl', aber genau!«

»Xanthippe schreit und jammert, doch
ich wollte sie nicht hören, noch,
der gift'gen Worte Ziel sein,
drum schenkt mir noch ein Bier ein!«

So sprach es der Sokrates,
und allen andern tat es,
sehr Leid ihn so zu sehen,
vor Kummer zu vergehen.

Der Thales mahnt: »Sei ruhig, Mann,
selbst wenn verfault ist, jeder Zahn,
wird sie noch weiter keifen,
es ist nicht zu begreifen!«

»Selbst ohne Zähn, so glaub ich«,
sagte Melistos traurig,
»könnt man bei ihr noch wähnen,
hat Haar' sie auf den Zähnen!«

Da folgerte Sokrates,
als Folgerung des Tages:

Nur wenn die Frau die Richt'ge ist,
kannst du zum Weib sie wählen.
Weil großer Reichtum nichtig ist -
die blanken Zähne
zählen.

Zum Fest an die Lieben

Zum Geburtstag

Zum Geburtstag wünsche ich,
alles Gute – grad für dich!
Für die Zukunft recht viel Glück,
Gesundheit, Wohlstand und ein Stück,
Zufriedenheit für alles, was
du bisher schon erreichet hast.

In vielen Jahren, wenn du stirbst,
du dich noch dran erinnern wirst,
dass jeder Stund', die kam und ging,
was Einzigartiges anhing.

So wird auch dieses Jahr vergeh'n,
- wie im Fluge, du wirst sehn –
doch lass es ziehen, ohne Kummer,
im Nächsten kommt ne neue Nummer!

Der Buchstabe „T"

Es war vor hundertfünfzig Jahr,
als die Geschichte hier geschah:
Das „T" sich bitterlich beklagt,
es sei nichts wert, hat es gesagt.

»Ganz egal wohin man geht«,
so sprachs zu Gott im Nachtgebet,
»man find' kein Tier - was mich so schlaucht,
das manchmal auch ein „T"- gebraucht.
Der Affe schreit nur Ah, ah, ah,
von Vögeln hört man Kraa und Kraa.
Doch grad das ist es, was mich quält,
dass keiner sich das „T" erwählt.«

Gott hörte oben die Beschwerden
und sagte zu dem „T" auf Erden:
»Damit du dich nicht weiter grämst,
und weiterhin für's „T"-sein schämst,
schick ich dich in des Menschen Heim,
als Quell des Lichts in Qual und Pein.
In meinem Namen leucht' und schein,
ab jetzt sollst du ein T-Licht sein!«

Ein kleiner Gruß

Was Kleines nur,
wollt ich dir schreiben,
ein paar von mir
gereimte Zeilen.
Zum Geburtstag gratulieren,
will ich dir.

Denk,
an diesem einen Tage,
nie,
an Sorgen, keine Plage
quäle deine Seele heute,
wisse dies:

Egal, wer dir
ins Herze sticht -
du hast Freunde
rings um dich,
das reicht fürs erst'
mehr – brauchst du nicht.

Stay at it's best!
Sei frohen Mutes!
Für heut ich wünsche:
Segen für dich
und vom Rest -
nur Gutes!

Mein Herz

Wird ein Tag, grau und wolkenschwer,
regenvoll verhangen,
oder mit precht'gem Lichtermeer,
als Sommertag begangen.

Neigt sich der Dämm'rung kühles Kleid,
der kalten Nacht entgegen
oder flieht nächtlich Dunkelheit,
des Sonnenaufgangs wegen.

Zeugt Eis und Schnee von Winters Macht,
ist fast das Jahr vergangen,
oder will die Frühlingspracht,
zu ihrem Recht gelangen.

Ganz gleich zu welcher Zeit im Jahr,
egal zu welcher Stund,
das Eine gilt wohl immerdar,
hör es aus meinem Mund:

Ich will mein Herz verpfänden,
in deine Gegenwart,
denn nur in deinen Händen,
ist bestens es verwahrt.

Die Weihnachtsgeschichte
Teil 1
Prolog

Vor vielen Jahren, im Advent,
hat Gott sich stark beklagt:
»Egal, wie ich es dreh und wend'
beim Mensch hab ich versagt!«

Der Petrus sagt - ganz Philosoph-
»Wohl hat es sich gelohnt!
Der Erde Schöpfung wär' ja doof,
wenn keiner auf ihr wohnt«

»Ruhe!«, knurrte Gott ihn an,
»Ich frag dich nicht um Rat,
ich suche mir jetzt einen Mann,
und schreite rasch zur Tat:

Die Menschheit ist so dekadent,
will sie niemand retten,
dann mach ich mit der Welt ein End,
darauf könnt ihr wetten!«

Es meldet sich, man glaubt es kaum,
des Gottes einz'ges Kind,
»Ich mach das, Papi, du wirst schau'n,
die Welt rett' ich geschwind«

Am Ende wurd' ein Plan gemacht,
wie man die Erde rettet.
Gott fand den Vorschlag nicht durchdacht,
doch war da schon gewettet.

Teil 2
Die Nachricht

Indessen träumt in ihren Kissen,
Frau Maria allerlei:
Ein Engel wollte kurz mal wissen,
wo sie wohn – er käm vorbei!

Ihr Mann, der Josef – den sie liebt,
war geistig ziemlich fit,
hat morgens gleich im Holzbetrieb,
gefragt, wer ihn vertritt.

Ein Engel kam, mit hellem Licht,
andre mit Posaunen,
ein Kind er Josefs Frau verspricht,
rein gezeugt aus Glauben.

Das fand der Josef nicht so nett,
der Engel sprach: »Ihr zwo!
Bei euch jetzt nichts mehr läuft im Bett,
ich will kein Risiko!

Des weit'ren müsst ihr von hier fort,
das Ziel heißt Bethlehem,
ihr nur, wo ihr geboren, dort
zur Volkszählung könnt geh'n.

Jetzt packt und rüstet euch geschwind!
Beginnt die Reise jetzt!
Sonst kommt noch unterwegs das Kind
und ich hätt falsch gesetzt!«

Teil 3
Die Reise

Da packt auf Esel Heinz Marie,
ihr ganzes Gut und Hab,
in Bethlehem war **sie** noch nie,
doch wusste Heinz den Pfad.

So zogen sie beschwert dahin,
und heiß die Sonne schien,
doch sackt die Brust auch unters Kinn,
sie mussten weiterzieh'n.

Und stets um sie, wie Josef merkt,
war Gottheit Nummer drei,
der Heil'ge Geist machte stets Berg
und Tals die Wege frei.

Dann endlich führte sie der Weg,
zur Altstadt Davids hin.
Maria saß schon eher schräg,
als grad im Sattel drin.

Teil 4
Herbergssuche + Stall

Dort sagte Joseph seiner Frau,
»Ich such uns jetzt ein Bett,
wer uns nicht hilft, mach ich zur Sau,
da schickt uns keiner weg.«

Doch sie mussten lange suchen,
fast alles war gebraucht,
»Herrgott«, wollte Josef fluchen,
»Scht!«, macht Marie, »Zu laut!«

Endlich, nach sehr langen Stunden,
ein Wirt sich doch erbarmt,
»Hab da einen Platz gefunden -
im Stall!«, wie er sie warnt.

Doch beiden war es mehr als recht,
sie zogen gern hinein,
und richteten sich eher schlecht
jedoch behaglich ein.

Es dauerte dann nicht mehr lang,
hell schien's am Himmelszelt,
Der Josef schaute etwas bang,
als Jesus kam zur Welt.

Er sagte: »Wirklich intressant,
ich dieses hier schon find,
vor sechzehn Tag' warst du erkannt
und heut schon kommt das Kind«

»Sei ruhig, Mann!«, Maria stöhnt,
»Es ist nun gleich soweit,
ich hoff, es ist nicht zu verwöhnt,
das Kind, das Gott uns leiht«

Und dann nach einer kurzen Zeit,
war alles wohl vollbracht,
die Hirten waren auch bereit,
und sangen in die Nacht.

Geboren war Kind Jesus Christ,
doch Josef meinte: »Schau,
täusch ich mich hierbei oder ist
das Kind da eine Frau?«

Drauf kaut der Gottesbote wild,
auf seiner Unterlippe.
»Mir scheint, da fehlt was hier im Bild
der heil'gen Kinderkrippe«

Sofort verstummte Chor und Harf,
die Engel wurden stumm,
nur eine Grille zirpte scharf,
und alle schauten dumm.

»Wie konnte uns denn das passier'n?«
der Engel schien verloren
»dass wir hier Gottes Sohn verlier'n,
kaum das er uns geboren?«

»Mir war der ganze Plan suspekt«
laut Gottes Stimme sagte,
»Das hätt ich euch auch längst gesteckt,
wenn mich nur jemand fragte!

Und darum dacht ich – ganz banal,
was hast du zu verlieren,
weshalb sollst du denn nicht einmal,
was Neues ausprobieren?"

So wurde es dann auch gemacht,
fast jeder fand es toll
derweil Maria glücklich lacht,
schob doch der Engel Groll!

Worauf der Josef sprach ihn an:
„Du schaust total geplättet!"
Verzweifelt rief der Engel: „Mann,
ich hab mich voll verwettet!"

Nachtgebet

Nun gute Nacht und träumet schön,
lasst vom Schlafsand euch umweh'n.
Damit ihr gleich zu Bette sinkt
und nicht mehr lang dem Schlaf entrinnt,
der euch in wohlig warmer Nacht,
mit sanftem Schlummer hat bedacht.

Lasst ziehen Kummer, alle Qual,
die Sorgen löst ein andermal,
auf Glückliches den Geist nun richt'
und träumet bis der Tag anbricht.
Gedenkt des Herrn, der euch bewacht,
schlaft wohl, ihr Freunde -
Gute Nacht.

Über den Autor:

M. F. Wetzel, geb. 1984, zurzeit weitestgehend lebendig und wohnhaft in Tübingen. Studierte Physik auf Diplom, in der Hoffnung sich damit von allerlei anderen Dummheiten abzuhalten, was offensichtlich gründlich misslang. Weitere Verbrechen an der deutschen Sprache sind leider nicht auszuschließen.